BEI GRIN MACHT SICH IHR WISSEN BEZAHLT

- Wir veröffentlichen Ihre Hausarbeit, Bachelor- und Masterarbeit
- Ihr eigenes eBook und Buch - weltweit in allen wichtigen Shops
- Verdienen Sie an jedem Verkauf

Jetzt bei www.GRIN.com hochladen und kostenlos publizieren

Die Terror-Horror-Dichotomie in Ann Radcliffes "Mysteries of Udolpho" und Matthew Lewis´ "Monk"

Bibliografische Information der Deutschen Nationalbibliothek:

Die Deutsche Nationalbibliothek verzeichnet diese Publikation in der Deutschen Nationalbibliografie; detaillierte bibliografische Daten sind im Internet über http://dnb.d-nb.de abrufbar.

ISBN: 9783389050613
Dieses Buch ist auch als E-Book erhältlich.

© GRIN Publishing GmbH
Trappentreustraße 1
80339 München

Alle Rechte vorbehalten

Druck und Bindung: Books on Demand GmbH, Norderstedt Germany
Gedruckt auf säurefreiem Papier aus verantwortungsvollen Quellen

Das vorliegende Werk wurde sorgfältig erarbeitet. Dennoch übernehmen Autoren und Verlag für die Richtigkeit von Angaben, Hinweisen, Links und Ratschlägen sowie eventuelle Druckfehler keine Haftung.

Das Buch bei GRIN: https://www.grin.com/document/1491841

Die Terror-Horror-Dichotomie in Ann Radcliffes *Mysteries of Udolpho* und Matthew Lewis´ *Monk*

Inhaltsverzeichnis

Einleitung 3

I. Lewis' *Monk* in der Tradition der englischen *gothic novel* 4

II. Radcliffes ästhetische Prinzipien: *terror* und *horror* 7

III. Terror- und Horrorelemente in der *gothic novel The Monk* 10

Fazit 12

Literaturverzeichnis 14

    Primärliteratur 14

    Sekundärliteratur 14

Einleitung

Die Anzahl der produzierten und konsumierten Räuber-,/ Ritter-,/ Geister- und Geheimbundromane lassen das Ende der 1780er-Jahre als Jahrzehnt der Schauerliteratur (eng. *gothic fiction*) bezeichnen: Schauergeschichten füllten die zeitgenössischen Literaturzeitschriften, nahmen als mehrbändige Romane Platz in den Regalen der Leihbibliotheken ein und fanden zuhauf ihren Weg in die literarischen Salons Nordeuropas.[1] Entstanden auf der Schwelle zwischen Aufklärung und Romantik, stehen die übernatürlichen sowie unkonventionellen Motive, Inhalte und Themen des Schauerromans den ästhetischen Maßstäben und der aufklärerischen Rationalität in der zweiten Hälfte des 18. Jahrhunderts entgegen.[2] Der dabei bewusst erzeugte Schrecken fußt auf verschiedenen ästhetischen Theorien über das Erhabene (eng. *sublime*) und anderen literarischen Vorbildern wie der höfische Roman und das jakobinische Drama.[3] Vor allem die Inszenierung des Schauers durch die federführenden Gothic-Novel-Schriftsteller Ann Radcliffe und Matthew G. Lewis im 18. Jahrhundert legte den Grundstein für das Konzept der Terror-Horror-Dichotomie, die zahlreiche Vertreter der Schauerliteratur beeinflusste und zur Entwicklung unterschiedlicher Schreibstile in diesem Genre beitrug.

Daher ist das Ziel der folgenden Arbeit darzulegen, inwiefern sich die ästhetischen Prinzipien *terror* und *horror* in den Werken der erwähnten Autoren widerspiegeln. Aufgrund des begrenzten Umfangs fokussiert sich die Analyse auf eine Auswahl der Terror- und Horrormotivik ihrer bekanntesten Romane: Radcliffes *Mysteries of*

---

[1] So schreibt der renommierte Literaturwissenschaftler Mario Grizelj von einem „signifikanten Kulturphänomen [...] ersten Ranges", das den englischen Literaturmarkt sowie das Theater zwischen 1795 und 1805 dominierte (Grizelj, Mario: Systematischer Teil. Genres, Themen und Motive, Poetik. Schauerroman/gothic novel. In: Hans R. Brittnacher und Markus May (Hrsg.): Phantastik. Ein interdisziplinäres Handbuch. Stuttgart 2013, S. 306); vgl. Botting, Fred: Gothic. London 1999, S. 40; vgl. Murnane, Barry und Cusack, Andrew: Der deutsche Schauerroman um 1800. In: Barry Murnane und Andrew Cusack (Hrsg.): Populäre Erscheinungen. Der deutsche Schauerroman um 1800. München 2011, S. 7; zur kritischen Analyse des Schauerromananteils am *deutschen* Buchmarkt um 1800 vgl. Sangmeister, Dirk: Zehn Thesen zu Produktion, Rezeption und Erforschung des Schauerromans um 1800. In: Barry Murnane und Andrew Cusack (Hrsg.): Populäre Erscheinungen. Der deutsche Schauerroman um 1800. München 2011, S. 159 – 166.
[2] Vgl. Murnane und Cusack, Der deutsche Schauerroman um 1800, S. 11.
[3] Vgl. Seeber, Hans Ulrich: Romantik und viktorianische Zeit. In: Hans Ulrich Seeber (Hrsg.): Englische Literaturgeschichte. 5. Aufl. Stuttgart 2012, S. 279; eines der wirkmächtigsten Traktate über das Erhabene, welches den ästhetischen Diskurs und die Richtung der Schauerliteratur in der Neuzeit maßgeblich bestimmte, verfasste Burke, Edmund: A Philosophical Enquiry into the Origin of Our Ideas of the Sublime and the Beautiful, übers. von Friedrich Bassenge (Bearb.): Philosophische Untersuchung über den Ursprung unserer Ideen vom Erhabenen und Schönen. 2. Aufl. Hamburg 1989 [1757].

Udolpho[4] und Lewis´ *Monk*[5]. Somit fällt einerseits eine ganzheitliche Betrachtung des Œuvre beider Schriftsteller hinsichtlich der Terror-Horror-Dichotomie und andererseits eine weitreichende Behandlung der philosophischen Ästhetik über das Erhabene aus, obgleich für die Forschungsfrage elementare Ausschnitte sporadisch berücksichtigt werden.

Zum Verständnis der Gattung definiert der erste Abschnitt zunächst die Schauerliteratur unter Berücksichtigung der Entwicklung im deutschen und anglofonen Sprachraum; weiterhin werden die durch Radcliffe und Lewis vertretenen Schreibstile elaboriert und die Stellung des Letzteren im deutsch-englischen Kulturtransfer hervorgehoben. In den folgenden zwei Kapiteln wird die Radcliff'sche Terror-Horror-Dichotomie – aus der Herleitung von der Erhabenheitsuntersuchung des englischen Ästhetikers Edmund Burke – charakterisiert und infolgedessen die Terror- und Horrormotivik in den Romanen *The Mysteries of Udolpho* und *The Monk* beleuchtet.

Da die Analyse primär quellennah erfolgt, bilden die Romane die Hauptquellen der Arbeit. Darüber hinaus bieten die Handbücher der bedeutenden Phantastikforscher Markus May und Hans R. Brittnacher[6] sowie Marie Mulvey-Roberts[7] einen umfassenden und systematischen Überblick zur Schauerliteratur.

I. Lewis´ *Monk* in der Tradition der englischen *gothic novel*

Die bisherige Literaturforschung konstatiert die Entstehung der Schauerliteratur – mit Horace Walpoles Roman *The Castle of Otranto* (1764) als Prototyp der ersten englischen *gothic novel* – auf dem Boden des angelsächsischen Kulturraumes, welche durch ihre enorme Popularität größeren Raum in Deutschland und Frankreich gewann;[8] jüngere Studien belegen jedoch eine wesentliche Beeinflussung der Entwicklung der *gothic novel* durch einen reziproken europäischen Kultur- und Literaturtransfer.[9] Daher erweist sich das Formulieren

---

[4] Radcliffe, Ann: The Mysteries of Udolpho. London 2001 [1794].
[5] Lewis, Matthew G.: The Monk, übers. von Friedrich Polakovics (Bearb.): Der Mönch. Frankfurt am Main 1986 [1796].
[6] Brittnacher, Hans R. und May, Markus (Hrsg.): Phantastik. Ein interdisziplinäres Handbuch. Stuttgart 2013.
[7] Mulvey Roberts, Marie: The Handbook of the Gothic. 2. Aufl. New York 2009.
[8] Vgl. ebd., S. 146; vgl. Petzold, Dieter: Historischer Teil. 18. Jahrhundert. England. In: Hans R. Brittnacher und Markus May (Hrsg.): Phantastik. Ein interdisziplinäres Handbuch. Stuttgart 2013, S. 44.
[9] Für eine ausführliche Darstellung der gegenseitigen Befruchtungen im Hinblick auf den europäischen Austausch bei der Entwicklung des *gothic novels* vgl. Horner, Avril (Hrsg.): European Gothic. A spirited exchange 1760 – 1960. Manchester 2002.

einer allgemeingültigen Definition des Genres und der präzisen Abtrennung des Terminus ‚Schauerroman' als schwierig, auch wenn sich einige spezifische Gattungsmerkmale herauskristallisieren: So erscheint zunächst aus philologischer und literaturhistorischer Perspektive die Bezeichnung der deutschen Version als ‚Schauerroman' und die britische als ‚gothic novel' sinnvoll.[10] Ein weiterer verbindender Grundgedanke der Schauerliteratur in der klassischen Phase ist seine Wirkungsästhetik als affektintensive Kunstform, die Gefühle wie Angst, Schrecken, Schock, Ekel oder Abscheu nicht nur bei den Protagonisten der Handlung, sondern auch beim Leser evozieren soll.[11]

Um die Figuren an schreckliche Orte zu führen, an denen sie unerklärlichen Geschehnissen begegnen, ist ein einheitliches Motiv-,/ Raum- und Figurenrepertoire nicht verwunderlich: Aufgrund dessen wird die Schauergeschichte oftmals in die finstere Vergangenheit des Mittelalters nach Deutschland, Frankreich oder Italien verlegt, in denen feudale Strukturen, der Aberglauben und die Inquisition respektive die Katholische Kirche als Zentrum der Unterdrückung herrschen; übersinnliche Gestalten wie Gespenster und Dämonen treten gleichsam auf wie lüsterne Mönche und bösartige Verbrecher, die mit edlen Helden in verwinkelten Schlössern, dunklen Wäldern und kirchlichen Katakomben um die Gunst der verfolgten Jungfrau aneinandergeraten.[12] Die Themen der Schauerliteratur überschneiden sich deutlich mit den historischen und politischen Hintergründen des 18. Jahrhunderts; vor allem die Französische Revolution und anschließende Terrorherrschaft der Jakobiner (fr. *la Grande Terreur*) wurde in der Literaturwelt breit rezipiert.[13] Kein Geringerer als der berüchtigte Marquis de Sade hing der Überzeugung, dass die neue Gattung der Schauerliteratur „die unvermeidliche Frucht der in ganz Europa empfundenen Erschütterungen"[14] darstelle.

---

[10] Vgl. Grizelj, Schauerroman/gothic novel, S. 306; vgl. Sangmeister, Zehn Thesen, S. 157f.
[11] Vgl. Brittnacher, Hans R.: Systematischer Teil. Genres, Themen und Motive, Poetik. Affekte. In: Hans R. Brittnacher und Markus May (Hrsg.): Phantastik. Ein interdisziplinäres Handbuch. Stuttgart 2013, S. 515f.; vgl. Grizelj, Schauerroman/gothic novel, S. 306 – 307.
[12] Vgl. Frank, Michael C.: Ästhetik des Schreckens: Der Schauerroman von Horace Walpole bis Ann Radcliffe. In: Martin von Koppenfels und Cornelia Zumbusch (Hrsg.): Handbuch Literatur & Emotionen. Handbücher zur kulturwissenschaftlichen Philologie. Bd. 4. Berlin 2016, S. 462, 464; vgl. Seeber, Romantik und viktorianische Zeit, S. 279f.
[13] Vgl. Botting, Gothic, S. 40.
[14] Marquis de Sade: Gedanken zum Roman. In: Marion Luckow (Hrsg.): Ausgewählte Werke. Bd. 5. Frankfurt am Main 1972 [1799], S. 259; zur Kritik der de Sade'schen Thesen vgl. Frank, Ästhetik des Schreckens, S. 470 – 472.

Neben Walpole gelten Ann Radcliffe und Matthew Gregory Lewis als bedeutendste Vertreter der *gothic novel*, deren jeweilige Schreibstile maßgeblich die späteren Richtungen der Schauerliteratur bestimmten.[15] Während in Radcliffes *terror gothic* sämtliche übernatürliche Vorgänge rational aufgeklärt werden und sich schlussendlich als menschliche Intrigen, Täuschungen oder Halluzinationen entpuppen (*explained supernatural*), malt Lewis mit seinem Roman *The Monk* im Sinne des *school of horrors* freimütig Orgien von sexuellen und sadistischen Fantasien aus.[16] Die Kontroversität der behandelten Themen – Inzest, Satanismus, Mord und Kritik an der Katholischen Kirche – verliehen Lewis´ Werk den Titel eines „*graphic porno gothic novel*"[17] und führten sogar dazu, dass der Autor unter strafrechtlicher Androhung von Blasphemie und öffentlichen Angriffen auf seine Familie gezwungen war, die vierte Auflage des Romans (1798) selbst zu zensieren.[18]

Gleichzeitig stellt *The Monk* das Paradebeispiel für den deutsch-englischen Kulturtransfer im Bereich der Schauerliteratur dar, denn besonders Lewis wurde bekannt dafür, deutsche Schauergeschichten und Märchen übersetzt und mit deren Motiven die „*horrific german school*"[19] in England begründet zu haben. So griff er auf die Schaffensphase deutscher Romantiker während des Sturm und Drangs wie Goethe zurück, den er zusammen mit Christoph M. Wieland im Laufe einer Deutschlandreise in Weimar 1792 persönlich kennenlernte; darüber hinaus lassen sich im *Monk* und in Lewis´ weiteren Schauersammlungen *Tales of Terror* (1799) sowie *Tales of Wonder* (1801) Einflüsse deutscher Autoren wie Christian H. Spieß (*Petermännchen*), Friedrich Schiller (*Geisterseher*), Benedikte Naubert (*Neue Volksmärchen der Deutschen*) und Veit Weber (*Teufelsbeschwörung*) feststellen.[20] Dass im Gegenzug die Rezeption Lewis´ Werke in deutschen Landen nicht gering ausfiel, zeigt das Publikmachen durch Schillers Musenalmanach

---

[15] Vgl. Seeber, Romantik und viktorianische Zeit, S. 279.
[16] Vgl. Arnold-de Simine, Silke: Systematischer Teil. Genres, Themen und Motive, Poetik. Geister und Dämonen. In: Hans R. Brittnacher und Markus May (Hrsg.): Phantastik. Ein interdisziplinäres Handbuch. Stuttgart 2013, S. 380; vgl. Frank, Ästhetik des Schreckens, S. 462; vgl. Mulvey, The Handbook of the Gothic, S. 54.
[17] Davison, Carol Margaret: Gothic Literature 1764 – 1824. Cardiff 2009, S. 132.
[18] So moniert der Literat Samuel Taylor Coleridge in der damals einflussreichen Zeitschrift *The Critical Review* den Roman scharf als „a poison for youth, and a provocative for the debauchee" (Greenblatt, Stephen (Hrsg.): The Norton Anthology of English Literature. Bd. 2. 8. Ausg. New York 2006, S. 605); vgl. Mulvey, The Handbook of the Gothic, S. 148.
[19] Arnold-de Simine, Silke: „Europe´s Mrs. Radcliffe". Benedikte Nauberts Rezeption als Schauerromanautorin im deutsch-englischen Kulturtransfer. In: Mario Grizelj (Hrsg.): Der Schauer(roman). Formen. Diskurszusammenhänge. Funktionen. Würzburg 2010, S. 156.
[20] Vgl. Grizelj, Schauerroman/gothic novel, S. 315; vgl. Mulvey, The Handbook of the Gothic, S. 55.

sowie E.T.A. Hoffmanns *Elixiere des Teufels*, dessen Grundidee aus der Vorlage des *Monks* entstammten.[21]

II. Radcliffes ästhetische Prinzipien: *terror* und *horror*

Als zweifellos erfolgreichste Gothic-Novel-Schriftstellerin ihrer Zeit trug Ann Radcliffe einen enormen Beitrag zur Begründung der Schauerliteratur in der zweiten Hälfte des 18. Jahrhunderts bei. In ihrer lediglich acht Jahre währenden literarischen Karriere publizierte sie Romane, die nicht nur in England, sondern in ganz Europa großen Anklang fanden.[22] Die von Buchhändlern ausgezahlten riesigen Honorarsummen sowie die zahlreichen Nachahmer, die bis ins 19. Jahrhundert von ihrer Erzähltechnik beeinflusst wurden, bestätigten Radcliffes hohe Popularität und Pionierstellung in der *gothic fiction*.[23] Radcliffes charakteristischer Schreibstil mit seinen malerischen Beschreibungen der Natur, Architektur und Gefühle ihrer Protagonisten ist in die ästhetische Forschung des 18. Jahrhunderts einzuordnen, die den Begriff des Erhabenen in den Vordergrund rückte. Die Übersetzung der einflussreichen antiken Abhandlung *Vom Erhabenen*[24] *(gr. Peri hypsous)* durch den französischen Literaten Nicolais Boileau löste nämlich in Europa – aber besonders unter englischen Gelehrten – eine Welle an Publikationen aus, welche die Natur und die Wirkungen des Erhabenen zum Untersuchungsgegenstand erhoben.[25] Darunter ist die wegweisende Schrift *A Philosophical Inquiry into the Origin of our Ideas of the Sublime* (1757) des irisch-britischen Ästhetikers Edmund Burkes hervorzuheben, in der das Erhabene neben dem Schönen als ästhetische Erfahrung kategorisiert wird, die sich aus der Wahrnehmung von Gefahren und Bedrohungen speist, welche beim Betrachter sowohl ein ‚gemäßigtes' Erschrecken (eng. *modified terror*) als auch Erstaunen (eng. *astonishment*) auslösen sollen.[26] Dieser dosierte Schrecken stelle die stärkste Emotion dar, die der Geist zu fühlen vermag, da „die Ideen des Schmerzes

---

[21] Vgl. Arnold-de Simine, „Europe´s Mrs. Radcliffe", S. 158; vgl. Weber, Ingeborg: Der englische Schauerroman. München 1983, S. 81.
[22] Vgl. Mulvey, The Handbook of the Gothic, S. 76 – 77.
[23] So stellten die Romane *The Mysteries of Udolpho* (1794) und *The Italian* (1797) mit jeweils 500 £ sowie 600 £ an Honorarzahlungen für damalige Verhältnisse einen sehr großen finanziellen Erfolg dar (vgl. Botting, Gothic, S. 46).
[24] Pseudo-Longinus: Peri hypsous, übers. von Otto Schönberger (Bearb.): Vom Erhabenen. Stuttgart 1988 [o.D.].
[25] Vgl. Botting, Gothic, S. 26; vertiefend zur Verbreitung des Erhabenheitsdiskurses vgl. De Bolla, Peter (Hrsg.): The Discourse of the Sublime. Reading in History, Aesthetics and the Subject. Oxford 1989.
[26] Vgl. Burke, A Philosophical Enquiry, S. 176.

weit mächtiger sind als diejenigen, die auf der Seite des Vergnügens stehen"[27]. Durch die Imagination der schreckerfüllenden Dinge und ihrer Überwindung seitens des Lesers befähige das Erhabene, den Schauer (eng. *delightful horror*) als angenehm zu genießen.[28]

Die ästhetische Theorie Burkes aufgreifend, wandte Ann Radcliffe das Konzept des Erhabenen in ihren literarischen Romanen an, die durch bedrohliche Landschaften und geheimnisumwobenen Figuren den Leser in eine düstere, unheimliche Atmosphäre einzuführen trachten. Trotz der Übernahme wesentlicher Teile der Burke'schen Argumentation erweiterte Radcliffe bedeutend die Grenzen des Erhabenheitskonzepts in einem Fragment, das 1826 posthum im *New Monthly Magazine* unter dem (nicht von Radcliffe selbst verfassten) Titel *On the Supernatural in Poetry*[29] als alleinstehendes Essay erschienen ist. Größtenteils in Dialogform abgefasst und originär als Einleitung des ebenso posthum veröffentlichten Romans *Gaston de Blondeville (*1826*)* gedacht, formuliert Radcliffe darin ihre bekannte Dichotomie zwischen *terror* und *horror:*

> terror and horror are so far opposite that the first expands the soul and awakens the faculties to a high degree of life; and the other contracts, freezes and nearly annihilates them.[30]

So postuliert die Autorin weiter, dass sich der Affekt des *terrors* durch eine unspezifische und schattenhaft umrissene Angst kennzeichnet, welche die Einbildungskraft des Subjekts positiv stimuliert und den Geist zu erhabenen Empfindungen beflügelt.[31] Da das Übernatürliche nur angedeutet beschrieben wird und diffus bleibt, überwältigen die notwendigen Erhabenheitselemente des Objektes wie Größe (eng. *grandeur*) und Dunkelheit (eng. *obscurity*) den Leser, um dessen Verstand in einen Zustand zu versetzen, in dem die Schreckensnarrative des Textes aktiv gedeutet und überwunden werden.[32]

Im Gegensatz dazu unterscheidet sich *horror* von der konturenlosen Angsterfahrung und beschreibt eine Reihe von negativen Empfindungen wie Ekel, Aversion, Abscheu und Verachtung, die das Angstvolle beim Subjekt evoziert. Bei

---

[27] Burke, A Philosophical Enquiry, S. 72.
[28] Vgl. ebd.
[29] Radcliffe, Ann: On the Supernatural in Poetry. In: New Monthly Magazine 16 (1826) H. 1, S. 145 – 152.
[30] Ebd., S. 149 – 150.
[31] Vgl. ebd., S. 150.
[32] Radcliffe nimmt die Merkmale erhabener Objekte aus Burkes Konzept unverändert auf und erwähnt ihn in diesem Kontext namentlich: „The union of grandeur and obscurity, which Mr. Burke describes as a sort of tranquillity [sic] tinged with terror, and which causes the sublime [...]" (ebd.).

der in allen Details beschriebenen Horrorerzählung wird der Schrecken als körperlich bedrohendes und widerwärtiges Grausen empfunden, das zur seelischen Orientierungslosigkeit (eng. *confusion*) führt und letztendlich eine Ohnmacht beschwört, „in which the mind can find nothing to nourish its fears and doubts, or to act upon in any way"[33]. Einen beispielhaften Einblick in diese passive Haltung des Geistes und der daraus resultierenden ‚Schockstarre' ist aus dem Brief des 19-jährigen Ludwig Tiecks zu entnehmen, der einem Freund von seiner Lektüre des Romans *Der Genius* berichtet:

> Nach zwei Uhr war das Buch geendigt. Eine kleine Pause, worinn ich nichts sprechen, nicht denken konnte, alle Scenen wiederholten sich vor meinen Augen […] als plötzlich – noch schaudre ich wenn ich daran denke, noch kann ich die Möglichkeit nicht begreifen – […] schwarze Nacht und grause Todtenstille, gräßliche Felsen ernst und furchtbar [aufstiegen], jeder lieblich Ton wie verweht, Schrecken mich [umflog], Schauder die gräßlichsten bliesen mich an, alles war um mich lebendig, Schatten jagten sich schrecklich um mich herum, mein Zimmer war als flöge es mit mir in eine fürchterliche schwarze Unendlichkeit hin […] Ich war auf einige Sekunden hin wirklich wahnsinnig […] Sobald ich die Augen zumachte, war mir als schwämme ich auf einen Strom, als löste sich mein Kopf ab und schwämme rückwärts, der Körper vorwärts, eine Empfindung die ich sonst noch nie gehabt habe […] Glieder waren mir selbst fremd geworden und ich erschrack wenn ich mit der Hand nach meinem Gesicht faßte.[34]

Die Dichotomie zwischen *terror* und *horror* demonstriert Radcliffe exemplarisch in ihren eigenen Romanen, darunter vor allem ihr bekanntestes Werk *The Mysteries of Udolpho*. Die insgesamt vier Bände erzählen die Geschichte der jungen sentimentalen Heldin Emily St. Aubert, die nach dem plötzlichen Tod ihrer Eltern als Waise in die Obhut ihrer Tante Madame Cheron und ihres tyrannischen Ehemanns Signor Montoni gerät. Um an die großen Besitztümer der Familie St. Aubert zu gelangen, veranlasst Montoni, der sich als italienischer Edelmann ausgibt, in Wirklichkeit jedoch eine Gruppe plündernder Banditen kommandiert, Madame Cheron und Emily ihn auf die düstere Burganlage Udolpho in den Apenninen zu folgen. Die weitere Handlung konzentriert sich auf Emilys Erfahrungen mit vermeintlich übernatürlichen und gespenstischen Erlebnissen, die sich zum Schluss des Romans durch eine Reihe von Erklärungen als rational und größtenteils als Quelle menschlicher Intrigen erweisen.

Die prägnanteste Szene in *The Mysteries of Udolpho* zur Darstellung der Terror-Horror-Dichotomie bildet sicherlich Emilys Entlüften eines sich in den Burgkammern befindenden schwarzen Schleiers, woraufhin die Protagonistin

---

[33] Radcliffe, On the Supernatural in Poetry, S. 150.
[34] Littlejohns, Richard (Hrsg.): Wilhelm Heinrich Wackenroder. Sämtliche Werke und Briefe. Briefwechsel. Bd. 2. Heidelberg 1991, S. 48f.

noch auf dem Weg zur Tür besinnungslos zusammenbricht. Hierbei setzt Radcliffe mehrebenige Terror- und Horrorelemente ein, die in ihrer affektiven Wirkung sowohl die Figuren in der Handlungsstruktur als auch den Leser implizit adressieren. Denn während Emily den wahren Inhalt unter dem Schleier erblickt, welchen sie zuvor fälschlicherweise als bloßes Gemälde geglaubt hatte, wird der Leser mehrere Hundert Seiten lang in Unkenntnis über das Geheimnis des schwarzen Schleiers gehalten – abgesehen vom kurzen Einschub, dass „that what it had concealed was no picture"[35]. Der Gegenstand wird im letzten Teil des Buches als Wachsfigur erklärt, dessen Anblick einem gewissen Marquis von Udolpho im Sinne des Memento mori zur Buße für seine Verbrechen gegen die katholische Kirche auferlegt worden war, der Protagonistin im dämmrigen Schein der Kammer jedoch als verwester und von Würmern zerfressener Leichnam erschien. Radcliffe weist den Leser auf die ästhetische Grundlage dieser Szene hin, indem sie selbst Emilys Neugierde zum ominösen Schleier charakterisiert und dessen Ursprung findet in

> a *terror* [Hervorhebung A.S.] of this nature, as it occupies and expands the mind, and elevates it to high expectation, is purely sublime, and leads us, by a kind of fascination, to seek even the object, from which we appear to shrink.[36]

Der erhaben wirkende *terror* bleibt für den Leser durch den Verzicht näherer Beschreibung (*obscurity*) bis zur Auflösung des Geheimnisses am Romanende bestehen und aktiviert durchgehend seine Vorstellungskraft. Diese ästhetische Wirkung wird dem Leser besonders durch Emilys anschließender Begegnung mit der vermeintlich durchfaulten Leiche vergegenwärtigt, da sie nach dem Eindruck des *terrors* von morbiden *horror* übermannt wird, der mithilfe des Verstandes nicht überwunden werden kann: „Horror [Hervorhebung A.S.] occupied her mind, and excluded, for a time, all sense of past, and dread of future misfortune."[37]

III. Terror- und Horrorelemente in der *gothic novel The Monk*

Der von Ann Radcliffe aufgestellte Gegensatz zwischen dem Begriffspaar *terror* und *horror* bietet eine sinnvolle Blaupause zur Abgrenzung der verschiedenen Schreibstile innerhalb der Schauerphantastik. Während Radcliffe in ihrem *explained supernatural* die Terrormotivik gegenüber dem *horror* priorisiert, bildet Matthew Lewis' *Monk* das exemplarische Gegenprogramm zur wirkungsästhetischen Tradition der rational aufgeklärten Schauergeschichte. Das

---

[35] Radcliffe, The Mysteries of Udolpho, S. 236.
[36] Ebd.
[37] Ebd.

zentrale Thema des skandalumwitterten Werkes ist die korrumpierende Entwicklung des charismatischen Kapuzinermönchs Ambrosio, der eigentlich für seine Frömmigkeit und Redegewandtheit bekannt, innerhalb der düsteren Klostergemäuer von der Teufelsbotin Matilda verführt wird. In der darauffolgenden radikalen Entfesselung seiner sexuellen Gelüste verkommt Ambrosio zum skrupellosen Entführer, Vergewaltiger und Mörder der 15-jährigen Antonia und ihrer Mutter, die zum Ende der Geschichte als seine eigene leibliche Familie offenbart werden. In einer verwickelten Nebenhandlung eskalieren die Gerüchte über Ambrosio und weitere im Kloster begangene Verbrechen zu einem Aufstand, der von Antonias Verehrer Don Lorenzo initiiert wird, jedoch unfreiwillig durch eine aufgebrachte Menge in blutige Gewaltexzesse und die Zerstörung des Klosterkomplexes mündet. Am Ende der Geschichte schließt Ambrosio – eingesperrt im Kerker und zum Feuertod verurteilt – als letzten Akt der Verzweiflung mit dem Teufel höchstpersönlich einen Pakt ab und vermacht ihm im Gegenzug für Freiheit seine Seele. Durch eine Lücke im Vertrag verliert er schließlich beides und wird von Luzifer in einen felsigen Abgrund geschleudert, wo er nach sechs Tagen einsam unter qualvollen Schmerzen verendet.

So wird der Schrecken bei Lewis im Unterschied zu *The Mysteries of Udolpho* nicht wegrationalisiert, sondern triumphiert vielmehr im Gewand dämonischer Mächte über die Moral und Vernunft. Entsprechend der *school of horror* spart der Autor nicht an sensationalistischen und plastischen Gewaltdarstellungen. Eine besonders drastische Schilderung und charakteristisches Beispiel für das Horror-Fühlen ist das Lynchen der sadistischen Priorin St. Agatha im zehnten Kapitel des Romans:

> Der Aufruhr steigerte sich von Sekunde zu Sekunde [...] man zerrte das Weib durch die Straße, stieß sie mit Fäusten und trat sie mit Füßen, ja fügte ihr jederlei Martern zu, welche Haß und Rachedurst nur aussinnen mögen. Schließlich traf ein wohlgezielter Stein sie mit voller Wucht an der Schläfe. Blutüberströmt brach sie zusammen und hauchte binnen wenigen Minuten ihr erbärmliches Leben aus. Doch wiewohl die Tote die ihr zugefügten Martern nun nicht mehr fühlen konnte, ließ der Pöbel seine ohnmächtige Wut noch den leblosen Körper entgelten: man schlug auf ihn ein, trampelte auf ihm herum und spielte ihm so übel mit, daß schließlich nur mehr ein unkenntlicher, formloser, ekelhafter Fleischklumpen im Staub der Straße lag.[38]

Die ausführliche Beschreibung der massiven Verletzungen und Todesqualen der Priorin, deren Leichnam der zornige Mob bis zur völligen Unkenntlichkeit zertrampelt, sind Teil des *horrors*, der einen geistig wie körperlich lähmenden Schockzustand des Lesers erzeugen soll.

---

[38] Lewis, Der Mönch, S. 424 – 425.

Ähnlich wie in der Radcliff'schen Schleierszene führt der Autor die affektive Horrorwirkung bei den umstehenden Figuren vor, die durch das erlebte Grausen einer panischen Schreckstarre verfallen:

> Nicht fähig, solch entsetzlichem Geschehen zu wehren, konnten Lorenzo und seine Freunde bloß mit äußerstem Entsetzen [eng. *horror*, A.S.] darauf blicken. Doch schraken sie aus ihrer erzwungenen Untätigkeit auf, sobald sie hörten, daß der Pöbel sich anschickte, das Santa-Clara-Kloster zu stürmen.[39]

Der vom *horror* ausgelöste Schockzustand wiederholt sich im Laufe der Handlung zuhauf: Die in allen Einzelheiten erzählte leibhaftige Erscheinung Luzifers in seiner monströsen, deformierten Dämonengestalt, die von dröhnenden Donnerschlägen und heftigen Erdstößen begleitet wird, versetzt Ambrosio dermaßen in Schrecken, dass dieser „keiner Regung, ja nicht einmal eines Wortes fähig"[40] ist. Gleichermaßen wird Antonia als „vor Schrecken fast Entseelte"[41] während der Vergewaltigungssequenz so überwältigt, dass sie „lange Zeit in solcher Erstarrung"[42] verharrt. In dieser Sexszene, die ohne Zweifel für die größte Empörung in der Rezeption des Werkes sorgte, verzichtet Lewis – unter dem Vorwurf der Pornografie gezwungen, die sexuelle Aggression in den folgenden Ausgaben zu entschärfen – auf eine minutiöse narrative Beschreibung des Aktes an sich. Folglich schimmert an dieser Stelle eine der kaum auftretenden Leerstellen in der Handlung durch, die sicherlich nicht gänzlich dem *terror* zuzuordnen, doch mindestens als Übergang zwischen Horror- und Terrormotiv gedeutet werden kann.

Fazit

Die konzeptionelle Unterscheidung zwischen *terror* und *horror* durch die federführende Gothic-Novel-Schriftstellerin Ann Radcliffe, die wesentlich auf der ästhetischen Erhabenheitstheorie Edmund Burkes basiert, beeinflusste zahlreiche Autoren der zum Ende des 18. Jahrhunderts enorm populären Schauerliteratur und legte den Grundstein für Radcliffes traditionellen Schreibstil der *terror gothic*, wovon sich später als namhaftester Vertreter Matthew Lewis mit seiner gegensätzlichen *school of horror* lossagen sollte. Daher untersuchte die vorliegende Studie die Terror-Horror-Dichotomie in den erfolgreichsten Werken der beiden Autoren: Radcliffes Geschichte der

---

[39] Lewis, Der Mönch, S. 425.
[40] Ebd., S. 514.
[41] Ebd., S. 455.
[42] Ebd., S. 456.

sensiblen und von mysteriösen Intrigen umrankten Emily in *The Mysteries of Udolpho* sowie Lewis' Skandalroman *The Monk*, der den moralischen Verfall eines spanischen Kapuzinermönchs thematisiert.

Die Analyse der Terror- und Horrormotive anhand ausgewählter Szenen skizzierte ein nahezu konträres Bild der jeweiligen Schreibstile. In der charakteristischen Schleiersequenz, die in der Burg von Udolpho spielt, führt Radcliffe virtuos die affektpoetischen Unterschiede des *terrors* und *horrors* vor: Während der wahre Inhalt dem Leser bis zum Ende der Handlung verborgen bleibt und dessen Einbildungskraft folglich durch das Terrormotiv der Dunkelheit (*obscurity*) beflügelt wird, erstarrt Emily beim direkten Gewahrwerden des Schauererregenden und stürzt – ganz im Sinne des zur Passivität drängenden Horrornarrativs – besinnungslos nieder. Um diesen negativen Horrormoment des Erhabenen zu vermeiden, setzt Radcliffe auf eine aufgeklärte Schauergeschichte (*explained supernatural*): Mithilfe detailarmer Schilderungen und der rationalen Auflösung alles übernatürlich Scheinenden kann der Verstand letztlich das ‚gemäßigte' Schreckens (*modified terror*) überwinden.

Demgegenüber liefert Lewis mit *The Monk* ein reines Horrorspektakel, das sich der ‚Domestizierung' der Schauergattung vehement widersetzt. Mit seiner phantastischen und dämonischen Motivik sowie exzessiv beschriebener Gewaltdarstellungen, deren Bandbreite Folter, Vergewaltigung, Lynch und andere brutale Mordarten umfasst, intendiert der Autor durchweg den vom *horror* evozierten Schockzustand. Dass dieser weder vor dem Leser noch vor den eigenen Protagonisten Halt macht, ist Teil des wirkungsästhetischen Horrorprogramms und wird von Lewis lediglich aufgrund der Zensur teilweise zu Terrormotiven entschärft.

Literaturverzeichnis

Primärliteratur

- Burke, Edmund: A Philosophical Enquiry into the Origin of Our Ideas of the Sublime and the Beautiful, übers. von Friedrich Bassenge (Bearb.): Philosophische Untersuchung über den Ursprung unserer Ideen vom Erhabenen und Schönen. 2. Aufl. Hamburg 1989 [1757].
- Lewis, Matthew G.: The Monk, übers. von Friedrich Polakovics (Bearb.): Der Mönch. Frankfurt am Main 1986 [1796].
- Radcliffe, Ann: On the Supernatural in Poetry. In: New Monthly Magazine 16 (1826) H. 1, S. 145 – 152.
- Radcliffe, Ann: The Mysteries of Udolpho. London 2001 [1794].

Sekundärliteratur

- Arnold-de Simine, Silke: „Europe´s Mrs. Radcliffe". Benedikte Nauberts Rezeption als Schauerromanautorin im deutsch-englischen Kulturtransfer. In: Mario Grizelj (Hrsg.): Der Schauer(roman). Formen. Diskurszusammenhänge. Funktionen. Würzburg 2010, S. 155 – 176.
- Arnold-de Simine, Silke: Systematischer Teil. Genres, Themen und Motive, Poetik. Geister und Dämonen. In: Hans R. Brittnacher und Markus May (Hrsg.): Phantastik. Ein interdisziplinäres Handbuch. Stuttgart 2013, S. 376 – 383.
- Botting, Fred: Gothic. London 1999.
- Brittnacher, Hans R. und May, Markus (Hrsg.): Phantastik. Ein interdisziplinäres Handbuch. Stuttgart 2013.
- Brittnacher, Hans R.: Systematischer Teil. Genres, Themen und Motive, Poetik. Affekte. In: Hans R. Brittnacher und Markus May (Hrsg.): Phantastik. Ein interdisziplinäres Handbuch. Stuttgart 2013, S. 514 – 521
- Davison, Carol Margaret: Gothic Literature 1764 – 1824. Cardiff 2009.
- De Bolla, Peter (Hrsg.): The Discourse of the Sublime. Reading in History, Aesthetics and the Subject. Oxford 1989.
- Frank, Michael C.: Ästhetik des Schreckens: Der Schauerroman von Horace Walpole bis Ann Radcliffe. In: Martin von Koppenfels und Cornelia Zumbusch (Hrsg.): Handbuch Literatur & Emotionen. Handbücher zur kulturwissenschaftlichen Philologie. Bd. 4. Berlin 2016, S. 461 – 480.

- Greenblatt, Stephen (Hrsg.): The Norton Anthology of English Literature. Bd. 2. 8. Ausg. New York 2006.
- Grizelj, Mario: Systematischer Teil. Genres, Themen und Motive, Poetik. Schauerroman/gothic novel. In: Hans R. Brittnacher und Markus May (Hrsg.): Phantastik. Ein interdisziplinäres Handbuch. Stuttgart 2013, S. 305 – 317
- Horner, Avril (Hrsg.): European Gothic. A spirited exchange 1760 – 1960. Manchester 2002.
- Littlejohns, Richard (Hrsg.): Wilhelm Heinrich Wackenroder. Sämtliche Werke und Briefe. Briefwechsel. Bd. 2. Heidelberg 1991.
- Marquis de Sade: Gedanken zum Roman. In: Marion Luckow (Hrsg.): Ausgewählte Werke. Bd. 5. Frankfurt am Main 1972 [1799].
- Mulvey Roberts, Marie: The Handbook of the Gothic. 2. Aufl. New York 2009.
- Murnane, Barry und Cusack, Andrew: Der deutsche Schauerroman um 1800. In: Barry Murnane und Andrew Cusack (Hrsg.): Populäre Erscheinungen. Der deutsche Schauerroman um 1800. München 2011, S. 7 – 22.
- Petzold, Dieter: Historischer Teil. 18. Jahrhundert. England. In: Hans R. Brittnacher und Markus May (Hrsg.): Phantastik. Ein interdisziplinäres Handbuch. Stuttgart 2013, S. 39 – 47.
- Pseudo-Longinus: Peri hypsous, übers. von Otto Schönberger (Bearb.): Vom Erhabenen. Stuttgart 1988 [o.D.].
- Sangmeister, Dirk: Zehn Thesen zu Produktion, Rezeption und Erforschung des Schauerromans um 1800. In: Barry Murnane und Andrew Cusack (Hrsg.): Populäre Erscheinungen. Der deutsche Schauerroman um 1800. München 2011, S. 157 – 172
- Seeber, Hans Ulrich: Romantik und viktorianische Zeit. In: Hans Ulrich Seeber (Hrsg.): Englische Literaturgeschichte. 5. Aufl. Stuttgart 2012, S. 231 – 322.
- Weber, Ingeborg: Der englische Schauerroman. München 1983.

BEI GRIN MACHT SICH IHR WISSEN BEZAHLT

- Wir veröffentlichen Ihre Hausarbeit, Bachelor- und Masterarbeit

- Ihr eigenes eBook und Buch - weltweit in allen wichtigen Shops

- Verdienen Sie an jedem Verkauf

Jetzt bei www.GRIN.com hochladen und kostenlos publizieren